AF205720

Impressum
Verlag: BABADADA GmbH, Nedderfeld 112 , 22529 Hamburg
Geschäftsführer / Verlagsleitung: Harald Hof
Druck: Books on Demand GmbH, In de Tarpen 42, 22848 Norderstedt

Imprint
Publisher: BABADADA GmbH, Nedderfeld 112 , 22529 Hamburg, Germany
Managing Director / Publishing direction: Harald Hof
Print: Books on Demand GmbH, In de Tarpen 42, 22848 Norderstedt, Germany

sekolah

学校

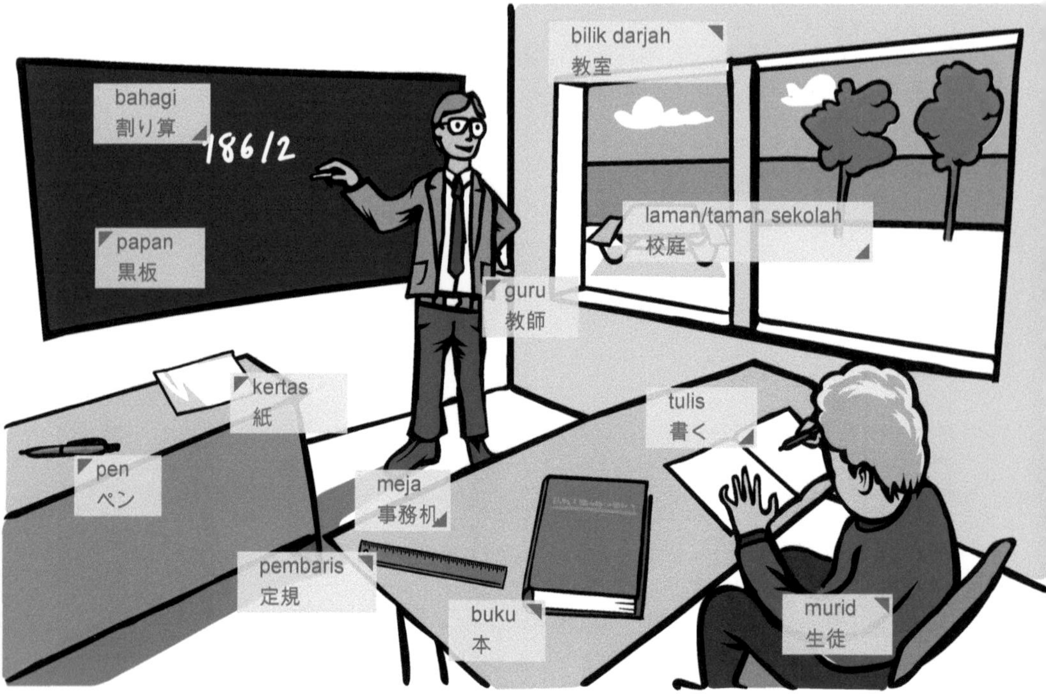

bilik darjah
教室
bahagi
割り算
186/2
papan
黒板
laman/taman sekolah
校庭
guru
教師
kertas
紙
tulis
書く
pen
ペン
meja
事務机
pembaris
定規
buku
本
murid
生徒

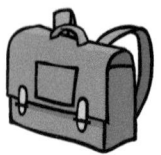

beg galas
ランドセル

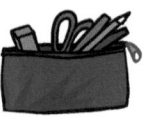

kotak pensel
筆入れ

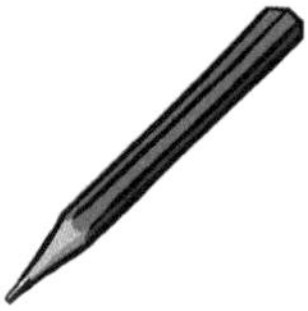

pensel
鉛筆

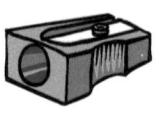

pengasah pensel
鉛筆削り

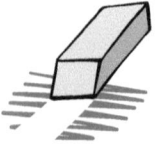

pemadam
消しゴム

kertas lukisan
スケッチブック

melukis

スケッチ

berus lukis

絵筆

kotak warna

絵の具箱

gunting

はさみ

gam

接着剤

buku latihan

練習帳

kerja rumah

宿題

12

nombor

数

2+2

tambah

足し算

5-2

tolak

引き算

2×2

darab

かけ算

kira

計算する

A

huruf

文字

ABCDEFG
HIJKLMN
OPQRSTU
VWXYZ

abjad

アルファベット

hello

kata

単語

teks

テキスト

baca

読む

kapur

チョーク

pelajaran

授業

daftar

学級日誌

peperiksaan

試験

sijil

通知表

uniform sekolah

制服

pendidikan

教育

ensiklopedia

百科事典

universiti

大学

mikroskop

顕微鏡

peta

地図

bakul sampah

ごみ箱

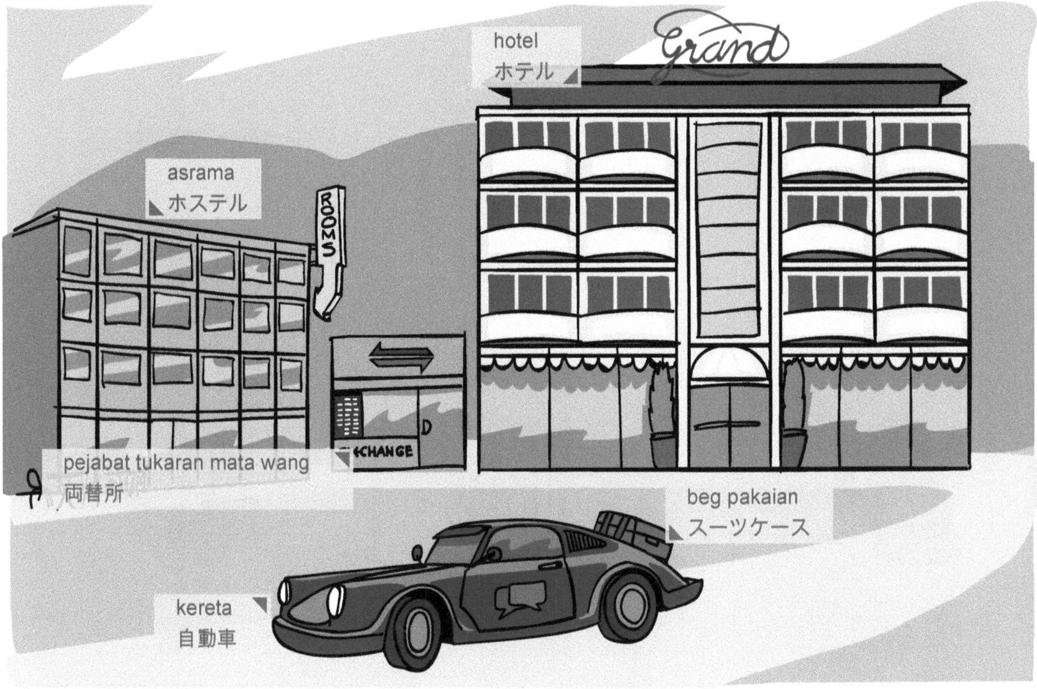
hotel
ホテル
Grand
asrama
ホステル
ROOMS
EXCHANGE
pejabat tukaran mata wang
両替所
beg pakaian
スーツケース
kereta
自動車

bahasa
言語

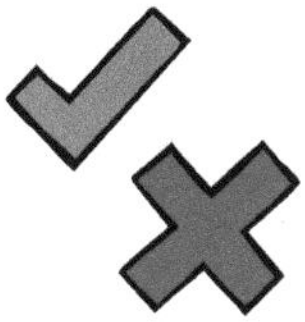

ya / tidak
はい / いいえ

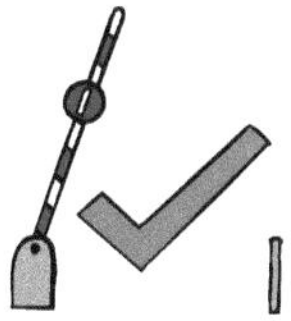

okey
問題ない

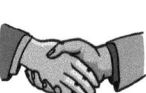

helo
ハロー

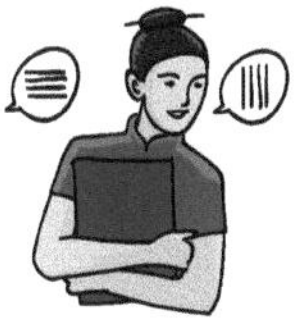

penterjemah
翻訳者

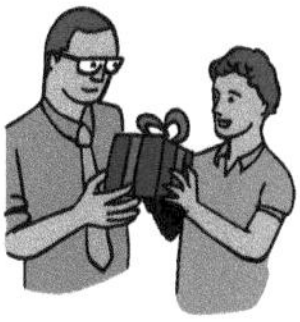

Terima kasih
ありがとう

berapa banyak...?

...はいくらですか？

saya tidak faham

わかりません

masalah

問題

Selamat petang!

こんばんは！

Selamat Pagi!

おはようございます！

Selamat Malam!

おやすみなさい！

selamat tinggal

さようなら

arah

方向

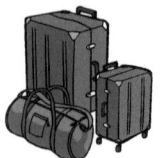

bagasi

手荷物

beg

バッグ

beg galas

リュックサック

tetamu

お客様

bilik tidur

部屋

beg tidur

寝袋

khemah

テント

maklumat pelancong

旅行者情報

pantai

ビーチ

kad kredit

クレジットカード

sarapan

朝食

makan tengah hari

昼食

makan malam

夕食

tiket

チケット

lif

エレベーター

setem

スタンプ

sempadan

境界

kastam

税関

kedutaan

大使館

visa

ビザ

pasport

パスポート

pengangkutan
輸送

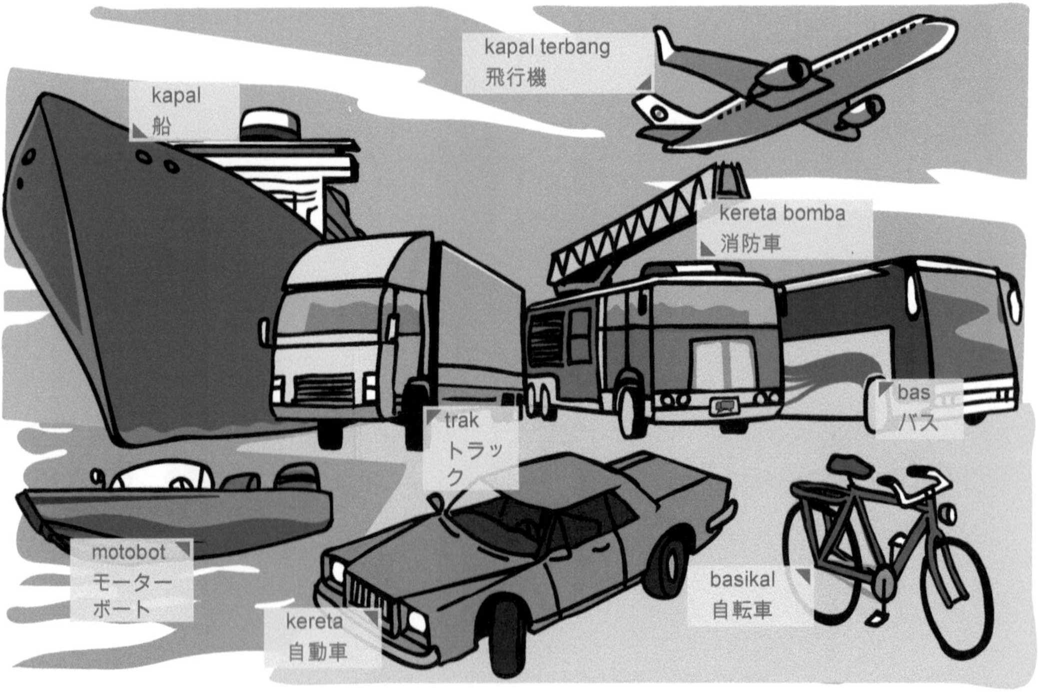
kapal terbang
飛行機
kapal
船
kereta bomba
消防車
bas
バス
trak
トラック
motobot
モーターボート
basikal
自転車
kereta
自動車

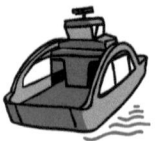

feri
フェリー

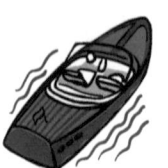

bot
ボート

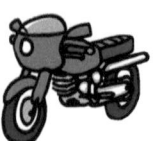

motosikal
バイク

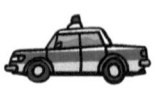

kereta polis
パトカー

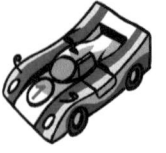

kereta lumba
レーシングカー

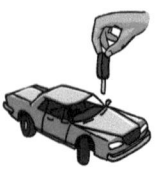

kereta sewa
レンタカー

berkongsi kereta

カーシェアリング

trak tunda

レッカー車

trak menolak

ごみ収集車

motor

モーター

bahan api

燃料

stesen minyak

ガソリンスタンド

tanda trafik

交通標識

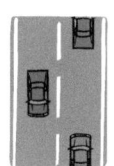

trafik

交通

kesesakan lalu lintas

渋滞

tempat parkir

駐車場

stesen kereta api

駅

trek

道

kereta api

列車

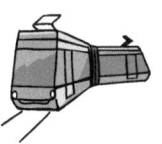

trem

路面電車

gerabak

車両

helikopter

ヘリコプター

lapangan terbang

空港

Menara

タワー

penumpang

乗客

bekas

コンテナ

kadbod

段ボール箱

kart

カート

bakul

カゴ

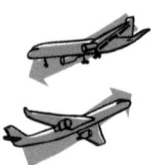

berlepas / mendarat

離陸 / 着陸

bandar

都市

kampung

村

pusat bandar

都心

rumah

家

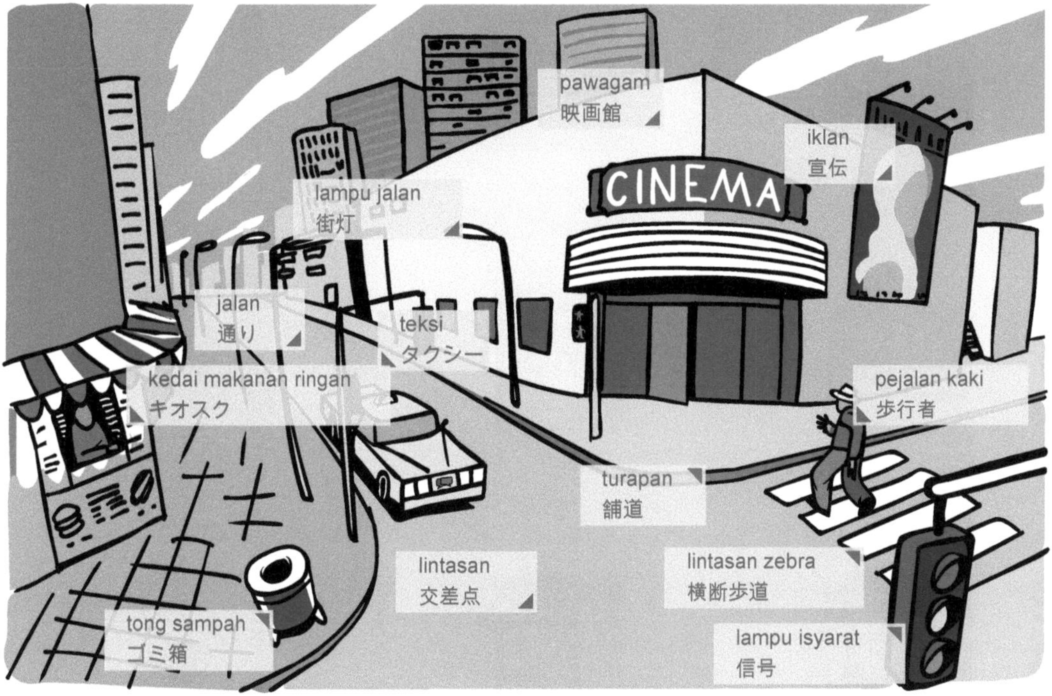
pawagam
映画館
iklan
宣伝
CINEMA
lampu jalan
街灯
jalan
通り
teksi
タクシー
kedai makanan ringan
キオスク
pejalan kaki
歩行者
turapan
舗道
lintasan
交差点
lintasan zebra
横断歩道
tong sampah
ゴミ箱
lampu isyarat
信号

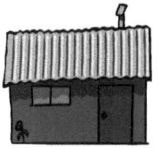

pondok
小屋

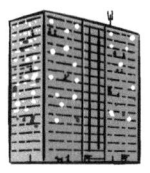

flat
アパート

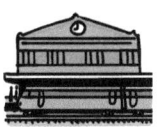

stesen kereta api
駅

dewan bandar
市役所

MUSEUM
muzium
美術館

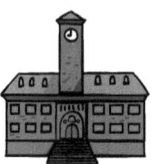

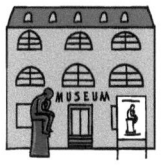

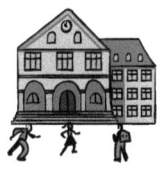

sekolah
学校

universiti

大学

bank

銀行

hospital

病院

hotel

ホテル

farmasi

薬局

pejabat

オフィス

kedai buku

書店

kedai

ショップ

kedai bunga

花屋

pasar raya

スーパーマーケット

pasaran

市場

gedung

デパート

penjual ikan

魚屋

pusat membeli-belah

ショッピングセンター

pelabuhan

港

taman

公園

bangku

ベンチ

jambatan

橋

tangga

階段

bawah tanah

地下鉄

terowong

トンネル

hentian bas

バス停

bar

バー

restoran

レストラン

peti surat

ポスト

papan tanda jalan

道路標識

meter parkir

パーキングメーター

zoo

動物園

kolam renang

スイミングプール

masjid

モスク

ladang

農場

pencemaran

汚染

tanah perkuburan

墓地

gereja

教会

taman permainan

遊び場

kuil

寺

landskap

風景

daun
葉

tiang tanda
道標

jalan
道

padang rumput
草地

batu
石

pokok
木

pejalan kaki
ハイカー

sungai
川

rumput
草

bunga
花

lembah
谷

bukit
山

tasik
湖

hutan
森

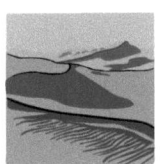

padang pasir
砂漠

gunung berapi
火山

istana
城

pelangi
虹

cendawan
キノコ

pokok kelapa sawit
ヤシの木

nyamuk
蚊

terbang
ハエ

semut
蟻

lebah
ミツバチ

labah-labah
クモ

kumbang

カブトムシ

katak

蛙

tupai

リス

landak

ハリネズミ

arnab

ウサギ

burung hantu

フクロウ

burung

鳥

angsa

白鳥

babi jantan

雄豚

rusa

鹿

moose

ヘラジカ

empangan

ダム

turbin angin

風力タービン

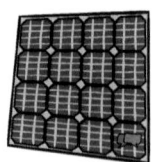

panel solar

ソーラーパネル

iklim

気候

restoran
レストラン

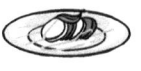

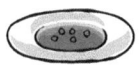

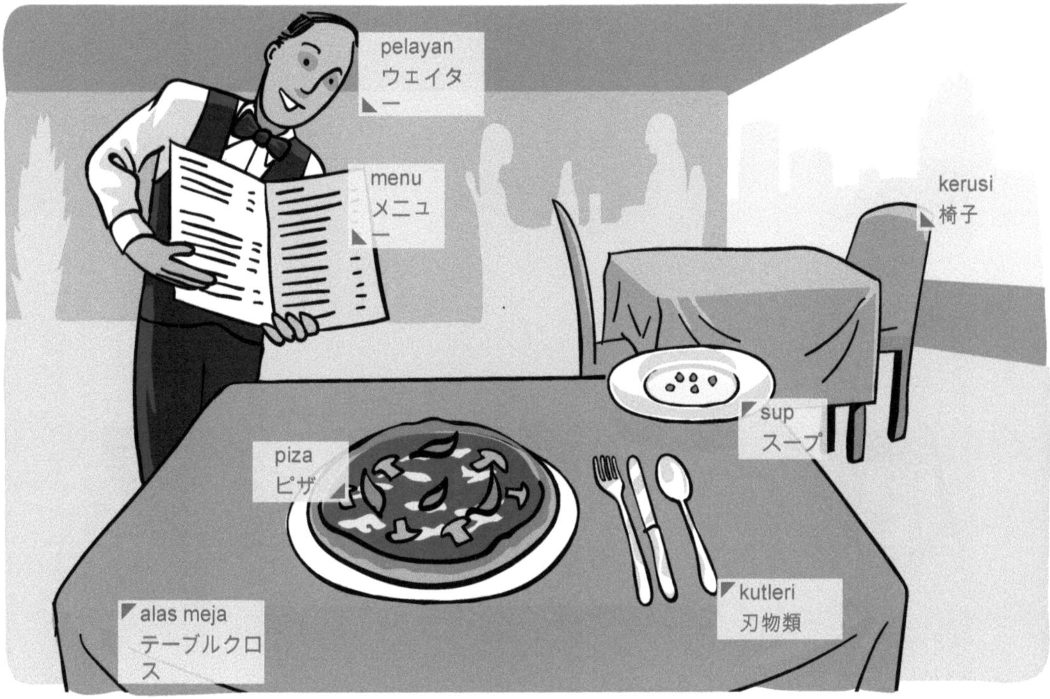

pelayan
ウェイター
menu
メニュー
kerusi
椅子
sup
スープ
piza
ピザ
kutleri
刃物類
alas meja
テーブルクロス

pemula
前菜

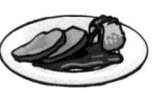

hidangan utama
メインコース

pencuci mulut
デザート

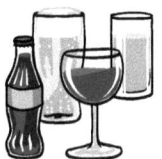

minuman
飲み物

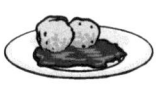

makanan
食べ物

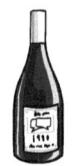

botol
ボトル

makanan segera

ファストフード

makanan jalanan

屋台の食べ物

teko

ティーポット

mangkuk gula

砂糖入れ

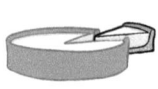

bahagian

一人前

mesin espreso

エスプレッソマシン

kerusi tinggi

幼児用食事椅子

bil

請求書

dulang

トレー

pisau

ナイフ

garfu

フォーク

sudu

スプーン

sudu teh

ティースプーン

serviette

ナプキン

gelas

グラス

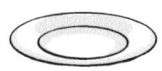

pinggan

皿

mangkuk sup

スープ皿

piring

受け皿

sos

ソース

tempat garam

塩入れ

pengisar lada

ペッパーミル

cuka

酢

minyak

油

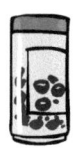

rempah

スパイス

sos

ケチャップ

mustard

マスタード

mayones

マヨネーズ

pasar raya

スーパーマーケット

tawaran istimewa
特価品
FOR
pelanggan
顧客
tenusu
乳製品
buah-buahan
果物
troli
ショッピング
・カート

BUTCHERS

tukang daging

肉屋

BAKERY

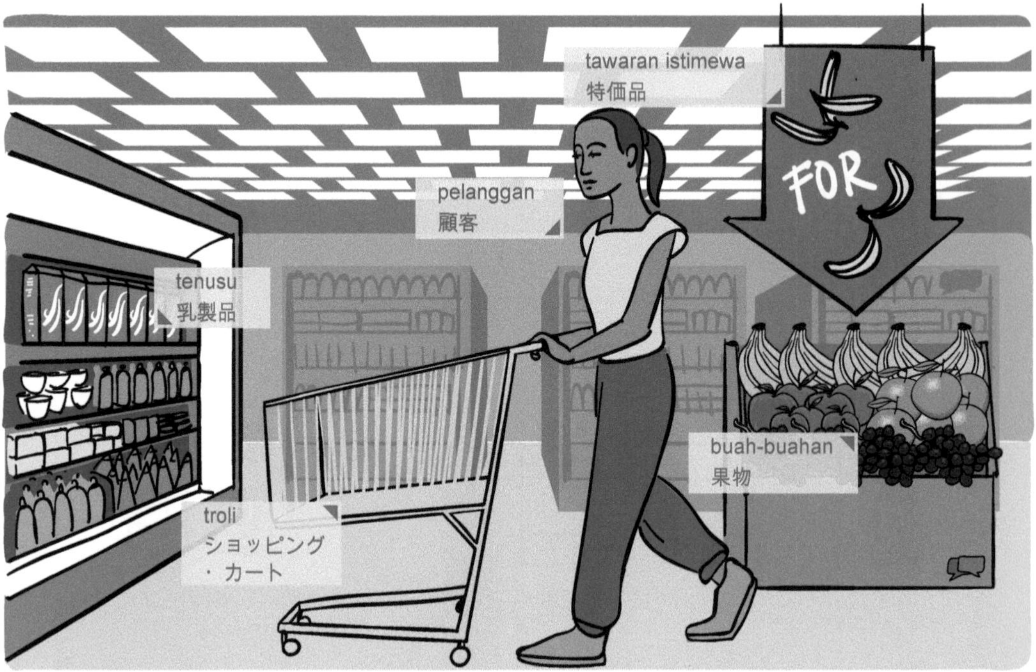

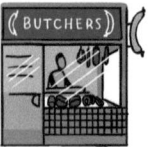

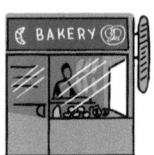

kedai roti

パン屋

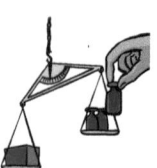

berat

重さをはかる

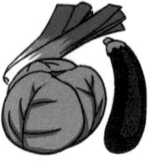

sayur-sayuran

野菜

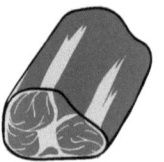

daging

肉

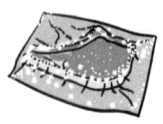

makanan sejuk beku

冷凍食品

daging sejuk

冷肉の薄切り

makanan dalam tin

缶詰食品

serbuk pencuci

洗剤

gula-gula

菓子

produk isi rumah

家庭用品

produk pembersihan

清掃用品

orang jualan

販売員

daftar tunai

現金箱

juruwang

レジ係

senarai membeli-belah

買い物リスト

waktu pembukaan

開館時刻

beg duit

財布

kad kredit

クレジットカード

beg

バッグ

beg plastik

ポリ袋

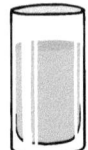

air

水

jus

ジュース

susu

牛乳

kola

コーラ

wain

ワイン

bir

ビール

alkohol

アルコール

koko

ココア

the

紅茶

kopi

コーヒー

espreso

エスプレッソ

kapucino

カプチーノ

bubur oat

麦のお粥

muesli

ムーズリ

emping jagung

コーンフレーク

tepung

小麦粉

kroisan

クロワッサン

roti roll

ロールパン

roti

パン

roti bakar

トースト

biskut

ビスケット

mentega

バター

dadih

カッテージチーズ

kek

ケーキ

telur

卵

telur goreng

目玉焼き

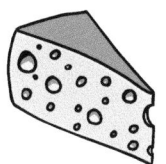

keju

チーズ

ais krim

アイスクリーム

gula

砂糖

madu

はちみつ

jem

ジャム

krim nougat

ヌガークリーム

kari

カレー

ladang
農場

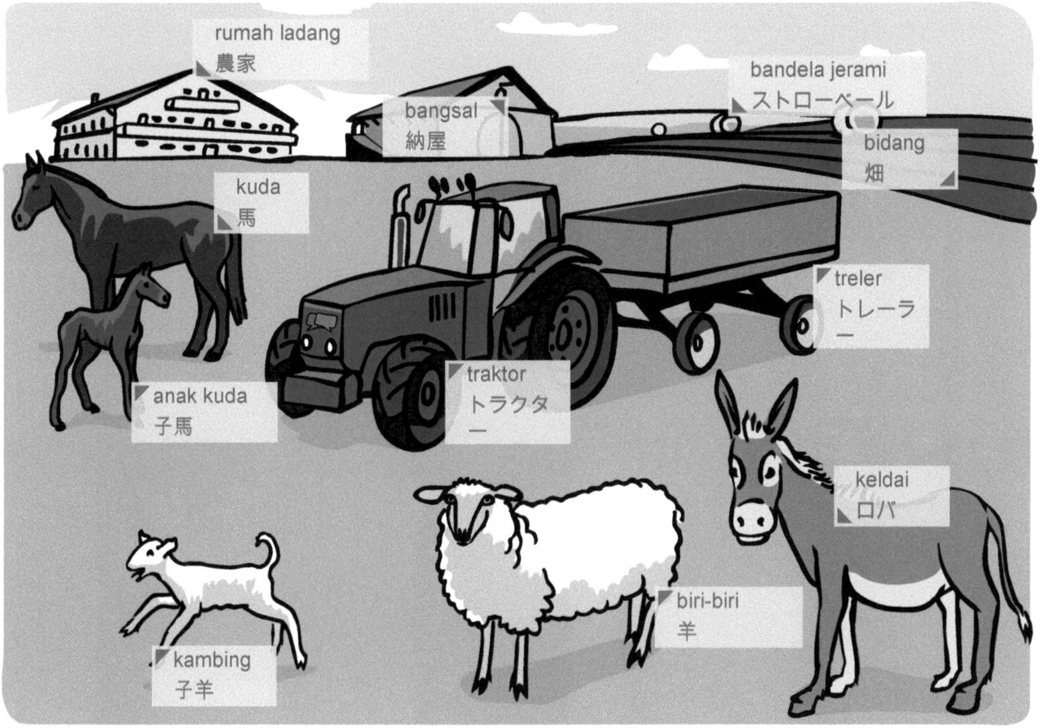
rumah ladang
農家
bangsal
納屋
bandela jerami
ストローベール
bidang
畑
kuda
馬
treler
トレーラー
anak kuda
子馬
traktor
トラクター
keldai
ロバ
biri-biri
羊
kambing
子羊

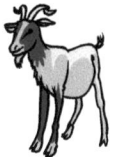

kambing

ヤギ

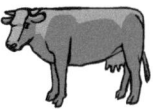

lembu

雌牛

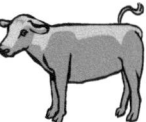

anak lembu

子牛

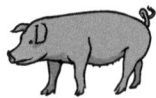

babi

豚

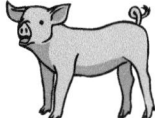

anak babi

子豚

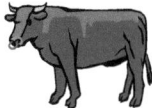

lembu

雄牛

angsa

ガチョウ

itik

アヒル

anak ayam

ひよこ

ayam betina

にわとり

ayam jantan muda

おんどり

tikus

ネズミ

kucing

猫

tikus

ねずみ

lembu jantan

雄牛

anjing

犬

rumah anjing

犬小屋

hos taman

散水ホース

bekas siraman

じょうろ

sabit

大鎌

bajak

すき

sabit

草刈り鎌

cangkul

くわ

serampang peladang

堆肥用フォーク

kapak

斧

kereta sorong

手押し車

palung

かいばおけ

tin susu

牛乳缶

karung

袋

pagar

フェンス

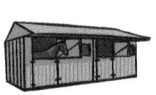

stabil

畜舎

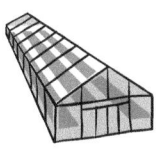

rumah hijau

温室

tanah

土壌

benih

種

baja

肥料

jentuai

コンバイン

tuai

収穫する

menuai

収穫

keladi

ヤマイモ

gandum

小麦

soya

大豆

kentang

じゃがいも

jagung

トウモロコシ

biji sawi

菜種

pokok buah-buahan

果樹

ubi kayu

キャッサバ

bijirin

穀物

rumah
家

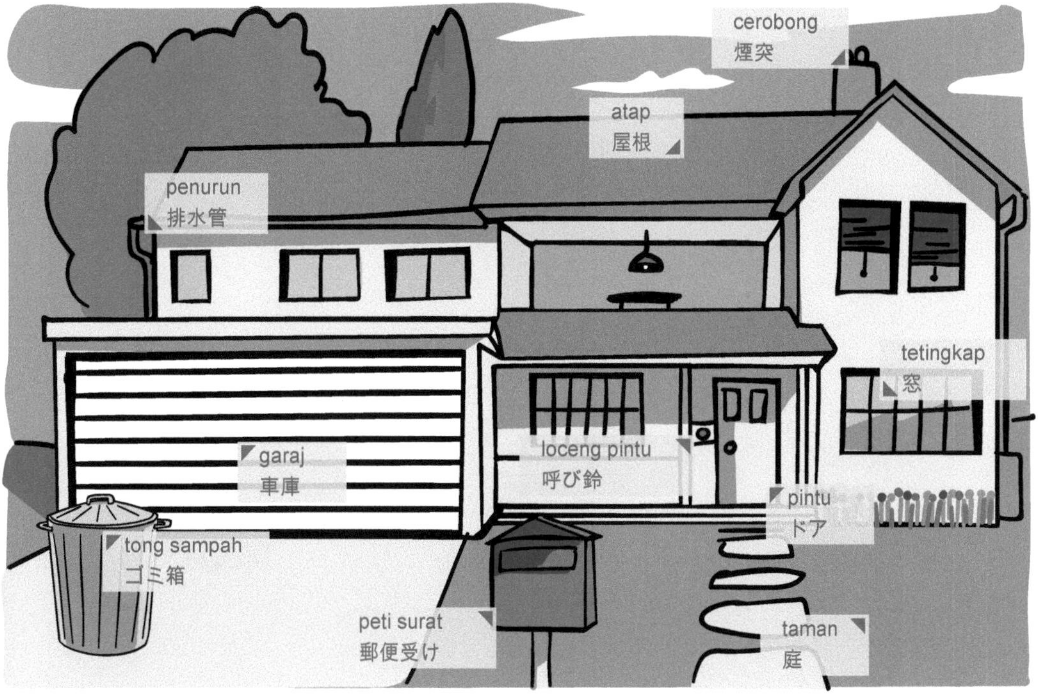

cerobong
煙突
atap
屋根
penurun
排水管
tetingkap
窓
garaj
車庫
loceng pintu
呼び鈴
pintu
ドア
tong sampah
ゴミ箱
peti surat
郵便受け
taman
庭

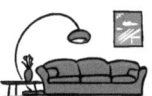

ruang tamu
リビングルーム

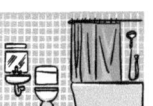

bilik air
浴室

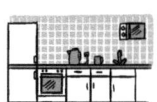

dapur
台所

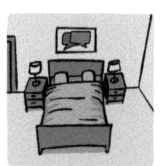

bilik tidur
寝室

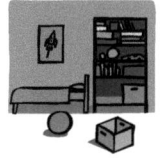

bilik kanak-kanak
子供部屋

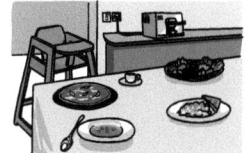

ruang makan
ダイニング・ルーム

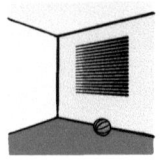

lantai

床

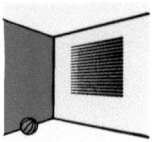

dinding

壁

siling

天井

bilik bawah tanah

地下貯蔵庫

sauna

サウナ

balkoni

バルコニー

teres

テラス

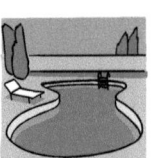

kolam renang

プール

pemotong rumput

芝刈り機

lembaran

シーツ

penutup tilam

ベッドカバー

katil

ベッド

penyapu

ほうき

timba

バケツ

suis

スイッチ

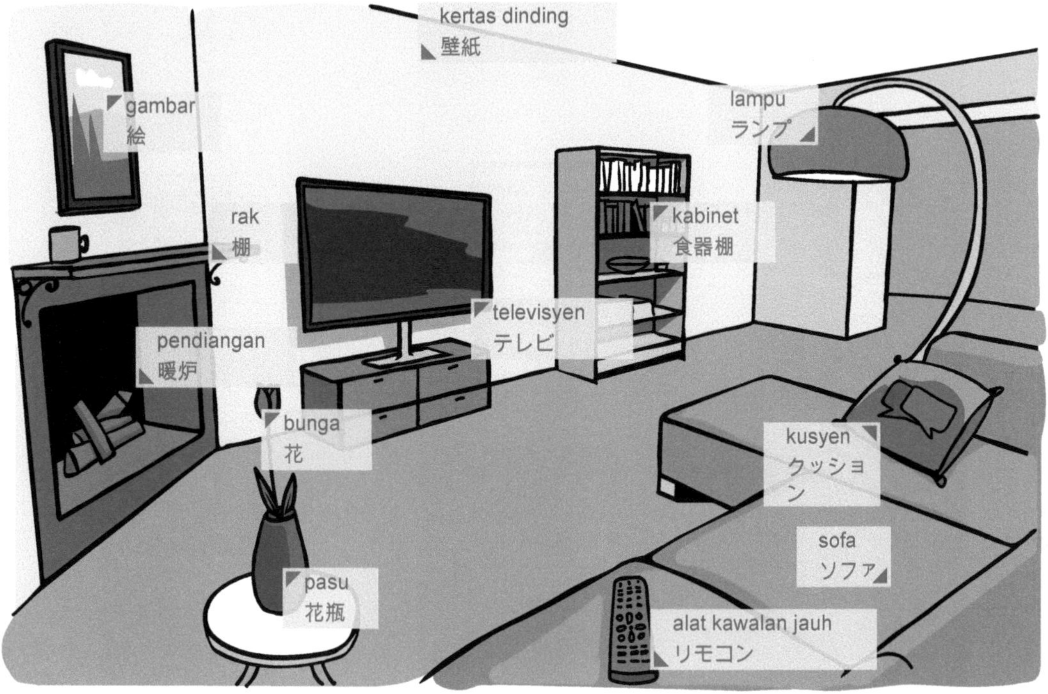

kertas dinding
壁紙

gambar
絵

lampu
ランプ

rak
棚

kabinet
食器棚

pendiangan
暖炉

televisyen
テレビ

bunga
花

kusyen
クッション

sofa
ソファ

pasu
花瓶

alat kawalan jauh
リモコン

permaidani
カーペット

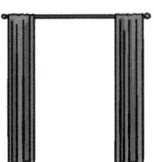

tirai
カーテン

meja
テーブル

kerusi
椅子

kerusi malas
ロッキングチェア

kerusi
ひじ掛け椅子

buku
本

selimut
毛布

hiasan
飾り

kayu api
たきぎ

filem
映画

hi-fi
ステレオ

kunci
鍵

akhbar
新聞

lukisan
絵画

poster
ポスター

radio
ラジオ

buku catatan
メモ帳

penyedut habuk
掃除機

kaktus
サボテン

lilin
ろうそく

dapur
台所

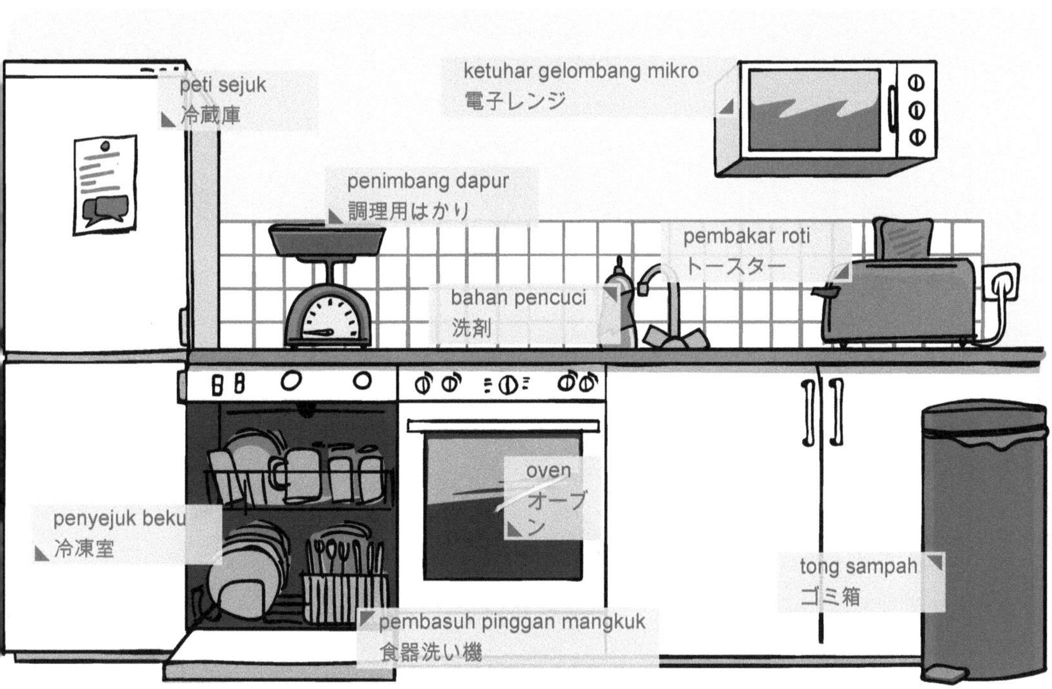

peti sejuk
冷蔵庫
ketuhar gelombang mikro
電子レンジ
penimbang dapur
調理用はかり
pembakar roti
トースター
bahan pencuci
洗剤
oven
オーブン
penyejuk beku
冷凍室
tong sampah
ゴミ箱
pembasuh pinggan mangkuk
食器洗い機

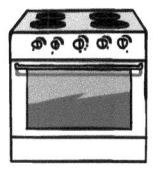

periuk dapur

こんろ

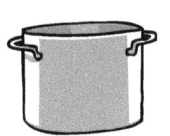

periuk

鍋

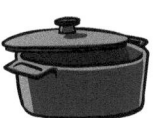

periuk besi

鉄鍋

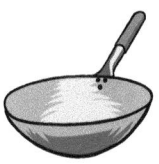

kuali

中華鍋/ カダイ鍋

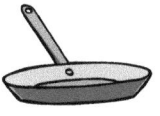

pan

フライパン

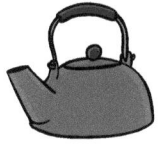

cerek

やかん

pengukus

蒸し器

dulang pembakar

天板

pinggan mangkuk

食器

koleh

マグカップ

mangkuk

ボウル

penyepit

箸

senduk

おたま

spatula

へら

pengadun

泡立て器

penapis

こし器

ayak

ふるい

pemarut

すりおろし器

mortar

すり鉢

barbeku

バーベキュー

pembakaran terbuka

かまど

papan pencincang

まな板

pin golekan

麺棒

skru gabus

栓抜き

tin

缶

pembuka tin

缶切り

pemegang periuk

鍋つかみ

sinki

流し

berus

ブラシ

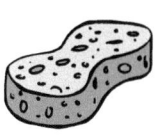

span

スポンジ

pengisar

ミキサー

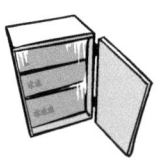

penyejuk beku

冷凍庫

botol bayi

哺乳瓶

paip

蛇口

bilik air
浴室

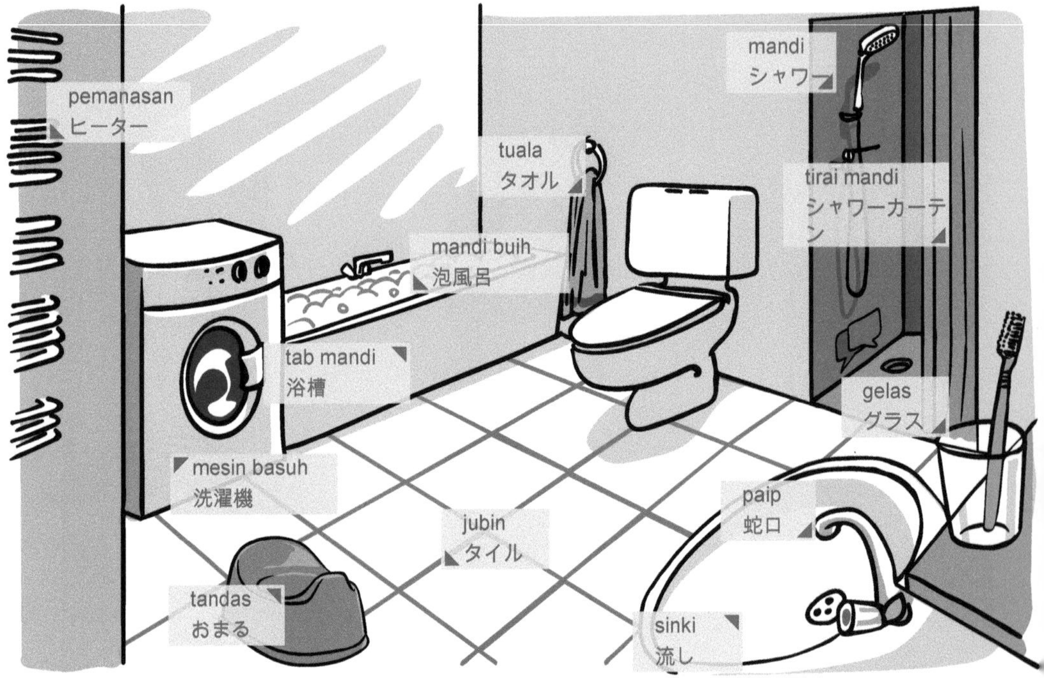
mandi
シャワー
pemanasan
ヒーター
tuala
タオル
tirai mandi
シャワーカーテン
mandi buih
泡風呂
tab mandi
浴槽
gelas
グラス
mesin basuh
洗濯機
paip
蛇口
jubin
タイル
tandas
おまる
sinki
流し

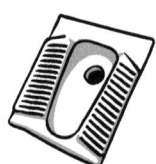

tandas

トイレ

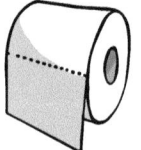

tandas mencangkung

和式トイレ

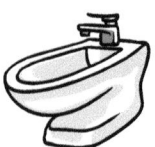

mangkuk tandas

ビデ

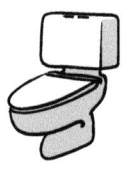

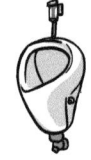

tandas awam

小便器

kertas tandas

トイレットペーパー

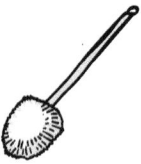

berus tandas

トイレブラシ

berus gigi

歯ブラシ

ubat gigi

歯みがき

flos gigi

デンタルフロス

cuci

洗う

mandian tangan

シャワーヘッド

pancuran

ハンドビデ

besen

洗面台

belakang berus

ボディブラシ

sabun

石鹸

gel mandian

シャワー用ジェル

syampu

シャンプー

flanel

浴用タオル

longkang

排水口

krim

クリーム

deodoran

消臭

cermin

鏡

cermin tangan

手鏡

pisau cukur

かみそり

busa cukur

シェービング・フォーム

selepas cukur

アフターシェーブローション

sikat

櫛

berus

ブラシ

pengering rambut

ドライヤー

semburan rambut

ヘアスプレー

mekap

化粧

gincu

口紅

varnis kuku

マニキュア

bulu kapas

脱脂綿

gunting kuku

爪切り

pewangi

香水

beg basuhan

洗面用具入れ

bangku

スツール

skala berat

体重計

jubah mandi

バスローブ

sarung tangan getah

ゴム手袋

kapas

タンポン

tuala wanita

生理用ナプキン

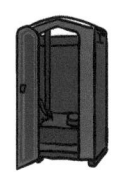

tandas kimia

ケミカルトイレ

bilik kanak-kanak

子供部屋

jam loceng
目覚まし時計
mainan kegemaran
ぬいぐるみ
kereta mainan
おもちゃの自動車
kerincing bayi
がらがら
rumah anak patung
ドール・ハウス
hadiah
プレゼント

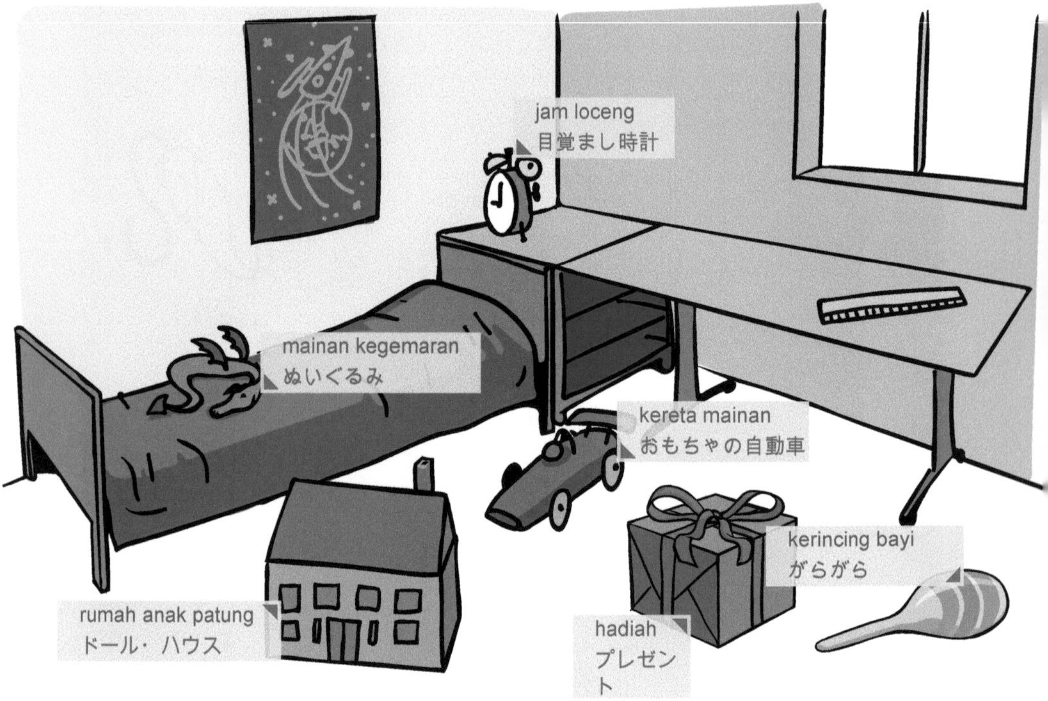

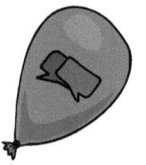

belon

風船

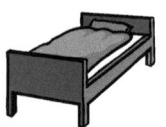

katil

ベッド

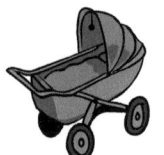

kereta sorong bayi

ベビーカー

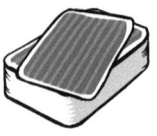

set kad

カードゲーム

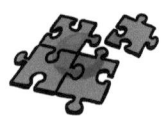

susun suai gambar

ジグソーパズル

komik

漫画

batu bata lego

レゴ

blok mainan

玩具ブロック

figura aksi

アクションフィギュア

baju bayi

ロンパース

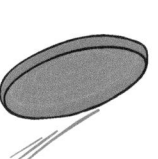

frisbee

フリスビー

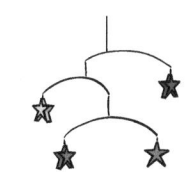

mainan bayi mudah alih

モバイル

permainan papan

ボードゲーム

dadu

さいころ

set model kereta api

鉄道模型

palsu

おしゃぶり

parti

パーティー

buku bergambar

絵本

bola

ボール

anak patung

人形

main

遊ぶ

lubang pasir

砂場

buai

ブランコ

mainan

おもちゃ

konsol permainan video

ゲーム機

basikal roda tiga

三輪車

anak patung beruang

テディベア

almari pakaian

衣装ダンス

pakaian

衣服

stoking

靴下

stoking

ストッキング

ketat

タイツ

skarf
スカーフ

payung
雨傘

kemeja-t
Tシャツ

ng/keselamatan

but
ブーツ

selipar
スリッパ

kasut sukan
スニーカー

sandal
サンダル

kasut
靴

but getah
ゴム長靴

seluar dalam
パンツ

coli
ブラ

ves
ベスト

badan

ボディースーツ

Seluar panjang

ズボン

jean

ジーンズ

skirt

スカート

blaus

ブラウス

kemeja

シャツ

baju panas sarung

セーター

sweater

パーカー

blazer

ブレザー

jaket

ジャケット

kot

コート

baju hujan

レインコート

kostum

服装

pakaian

ドレス

baju pengantin

ウェディングドレス

sut
スーツ

baju tidur
ナイトガウン

baju tidur
パジャマ

sari
サリー

skarf kepala
ヘッドスカーフ

serban
ターバン

burqa
ブルカ

kaftan
カフタン

abaya/jubah
アバヤ

baju renang
水着

seluar renang
トランクス

seluar pendek
半ズボン

sut balapan
スウェットスーツ

apron
エプロン

sarung tangan
手袋

butang

ボタン

cermin mata

メガネ

gelang tangan

ブレスレット

rantai leher

ネックレス

cincin

指輪

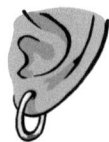

subang

イヤリング

topi

帽子

penyangkut kot

ハンガー

topi

帽子

tali leher

ネクタイ

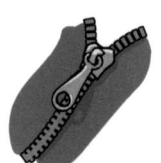

zip

ファスナー

topi keledar

ヘルメット

pendakap

サスペンダー

uniform sekolah

制服

seragam

ユニフォーム

lapik dada
よだれかけ

palsu
おしゃぶり

lampin
おむつ

pejabat
オフィス

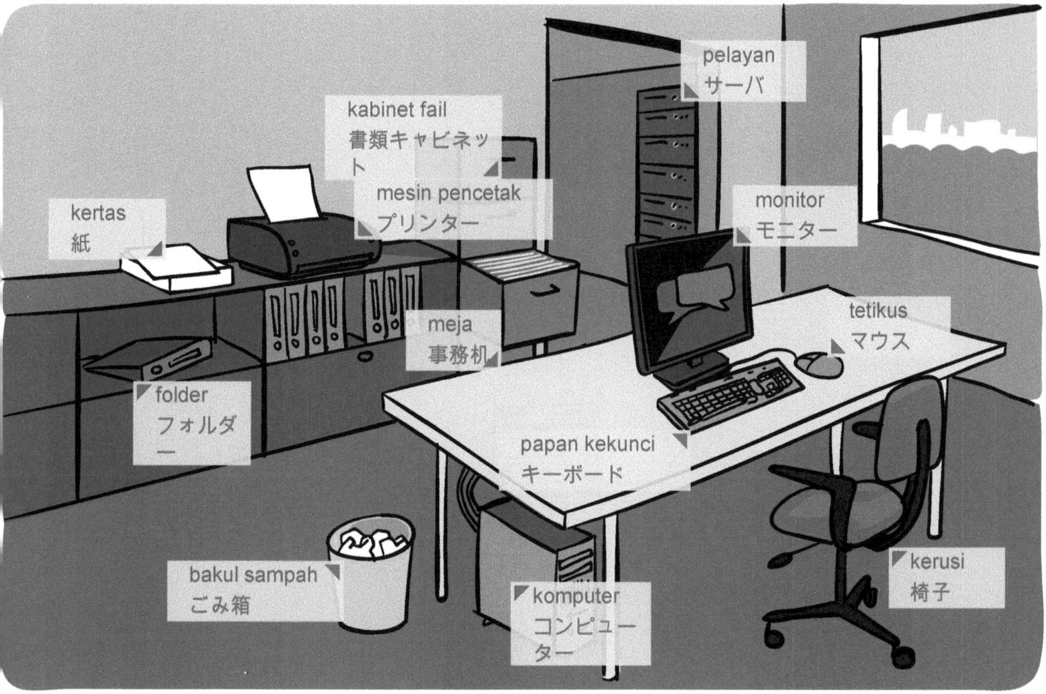

pelayan
サーバ

kabinet fail
書類キャビネット

mesin pencetak
プリンター

kertas
紙

monitor
モニター

tetikus
マウス

folder
フォルダー

meja
事務机

papan kekunci
キーボード

bakul sampah
ごみ箱

kerusi
椅子

komputer
コンピューター

cawan kopi
コーヒーマグ

kalkulator
計算機

internet
インターネット

komputer riba

ラップトップ

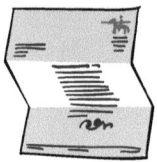

surat

手紙

mesej

メッセージ

mudah alih

携帯電話

rangkaian

ネットワーク

mesin fotokopi

コピー機

perisian

ソフトウェア

telefon

電話

soket plag

コンセント

mesin faks

ファックス

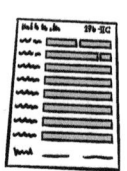

bentuk

フォーム

dokumen

書類

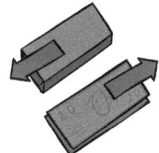

beli

買う

bayar

支払う

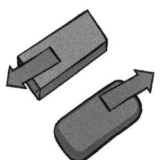

berdagang

取引する

wang

お金

dolar

ドル

euro

ユーロ

yen

円

rubel

ルーブル

franc swiss

スイスフラン

renminbi yuan

人民元

rupee

ルピー

mata tunai

キャッシュポイント

pejabat tukaran mata wang

両替所

emas

金

perak

銀

minyak

油

tenaga

エネルギー

harga

価格

kontrak

契約

cukai

税金

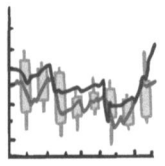

stok

株

kerja

働く

pekerja

従業員

majikan

雇用主

kilang

工場

kedai

ショップ

pegawai polis
警察官

ahli bomba
消防士

tukang masak
コック

doktor
医師

juruterbang
パイロット

tukang kebun
庭師

tukang kayu
大工

tukang jahit
お針子

hakim
裁判官

ahli kimia
化学者

pelakon
俳優

pemandu bas

バスの運転手

pemandu teksi

タクシー運転手

nelayan

漁師

wanita pencuci

掃除婦

kasau

屋根ふき職人

pelayan

ウェイター

pemburu

ハンター

pelukis

塗装工

bakeri

パン屋

juruelektrik

電気工

pembangun

建設作業員

jurutera

エンジニア

penjual daging

肉屋

tukang paip

配管工

posmen

郵便配達人

askar

軍人

arkitek

建築家

juruwang

レジ係

kedai bunga

花屋

pendandan rambut

美容師

konduktor

車掌

mekanik

機械工

kapten

キャプテン

doktor gigi

歯科医

ahli sains

科学者

tuhanku

ラビ

imam

イスラム導師

sami

修道士

paderi

牧師

alat
道具

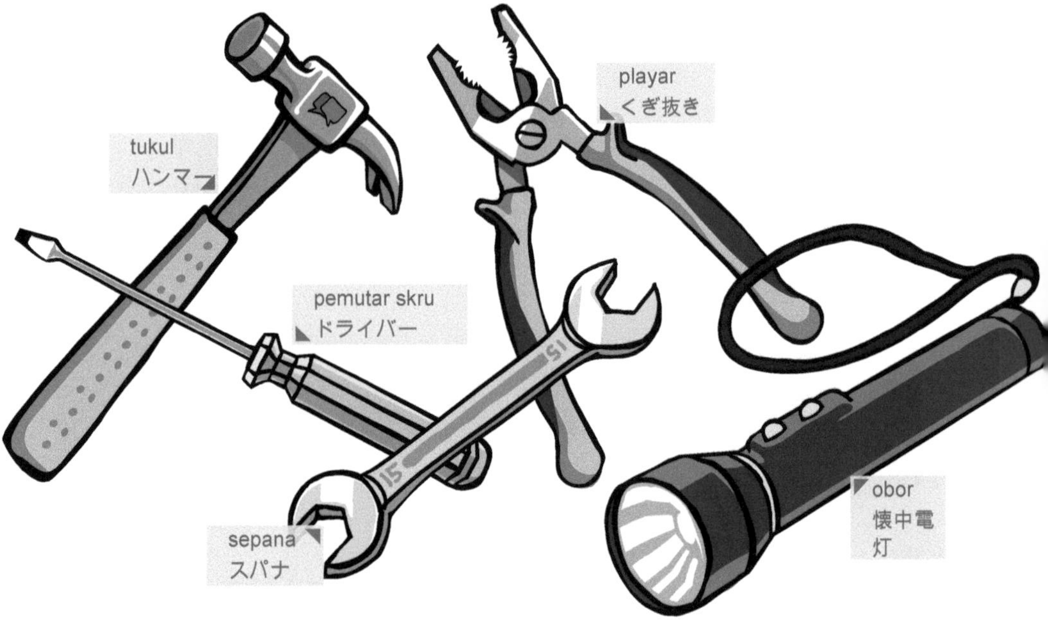
playar
くぎ抜き
tukul
ハンマー
pemutar skru
ドライバー
sepana
スパナ
obor
懐中電
灯

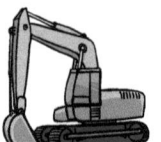

pengorek
掘削機

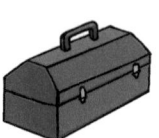

kotak peralatan
道具箱

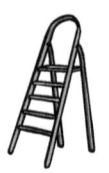

tangga
はしご

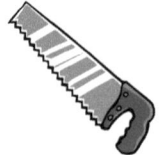

gergaji
のこぎり

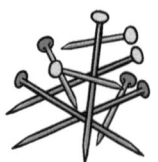

kuku
釘

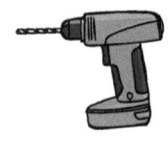

gerudi
ドリル

baiki

修理する

penyodok

シャベル

Celaka!

クソ！

penadah sampah

ちりとり

periuk cat

ペンキ缶

skru

ネジ

alat muzik
楽器

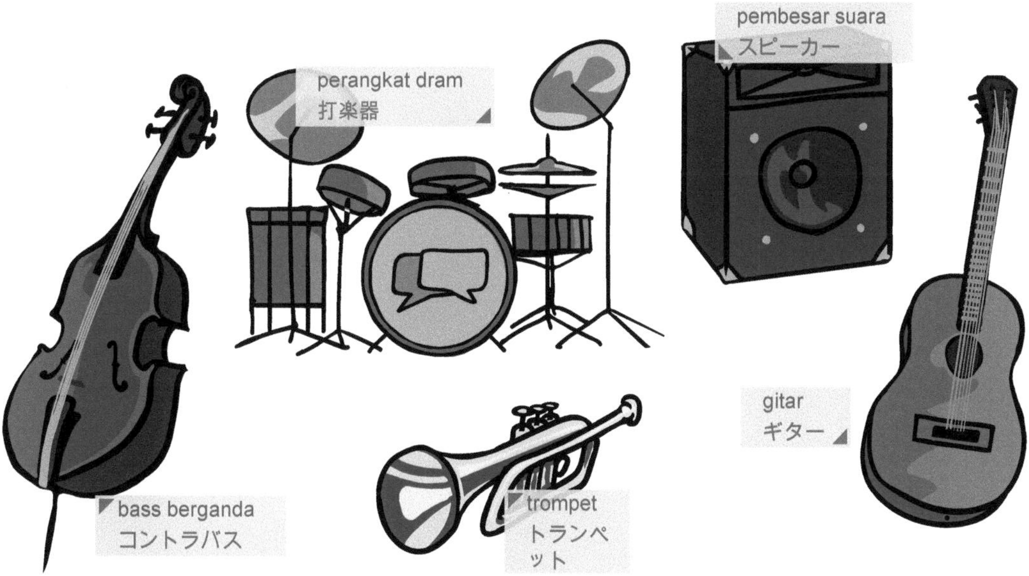

pembesar suara
スピーカー

perangkat dram
打楽器

gitar
ギター

bass berganda
コントラバス

trompet
トランペット

piano

ピアノ

biola

バイオリン

bass

バス

timpani

ティンパニ

dram

ドラム

papan kekunci

キーボード

saksofon

サックス

seruling

フルート

mikrofon

マイクロフォン

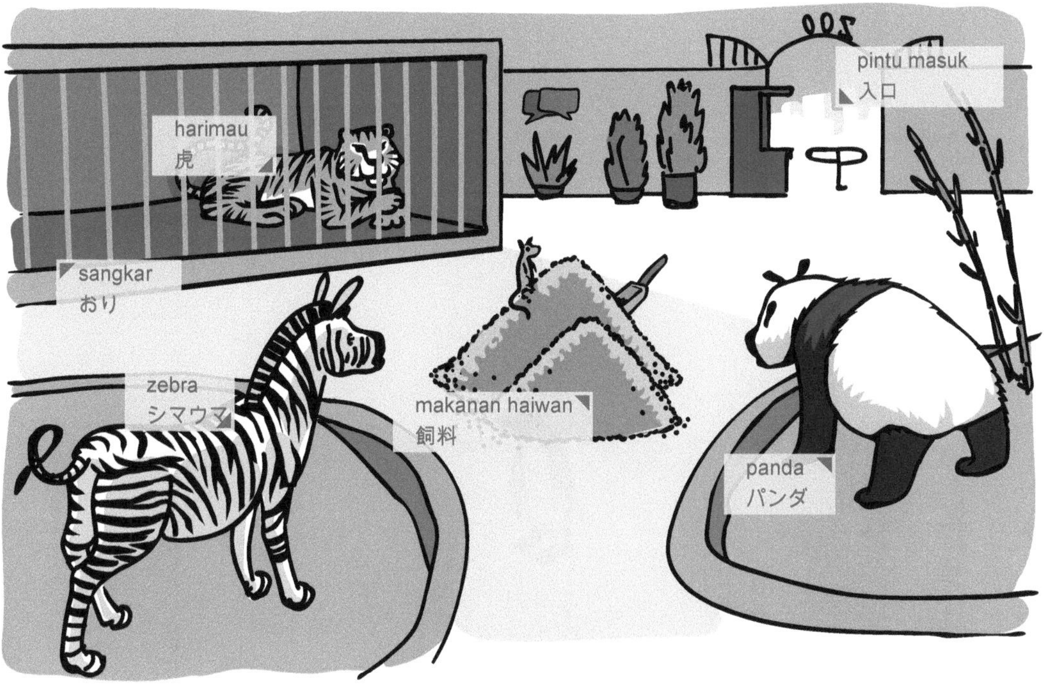

pintu masuk
入口

harimau
虎

sangkar
おり

zebra
シマウマ

makanan haiwan
飼料

panda
パンダ

haiwan

動物

gajah

象

kanggaru

カンガルー

badak sumbu

サイ

gorila

ゴリラ

beruang

熊

unta

ラクダ

burung unta

ダチョウ

singa

ライオン

monyet

猿

flamingo

フラミンゴ

nuri

オウム

beruang kutub

白クマ

penguin

ペンギン

yu

サメ

merak

クジャク

ular

蛇

buaya

ワニ

penjaga zoo

飼育係

anjing laut

アザラシ

jaguar

ジャガー

kuda

ポニー

harimau

ヒョウ

badak air

カバ

zirafah

キリン

helang

鷲

babi jantan

雄豚

ikan

魚

penyu

亀

anjing laut

セイウチ

musang

狐

rusa

ガゼル

bola sepak Amerika
アメフト

berbasikal
サイクリング

tenis
テニス

bola keranjang
バスケットボール

renang
水泳

hoki ais
アイスホッケー

tinju
ボクシング

bola sepak
サッカー

badminton
バドミントン

olahraga
陸上競技

bola baling
ハンドボール

ski
スキー

polo
ポロ

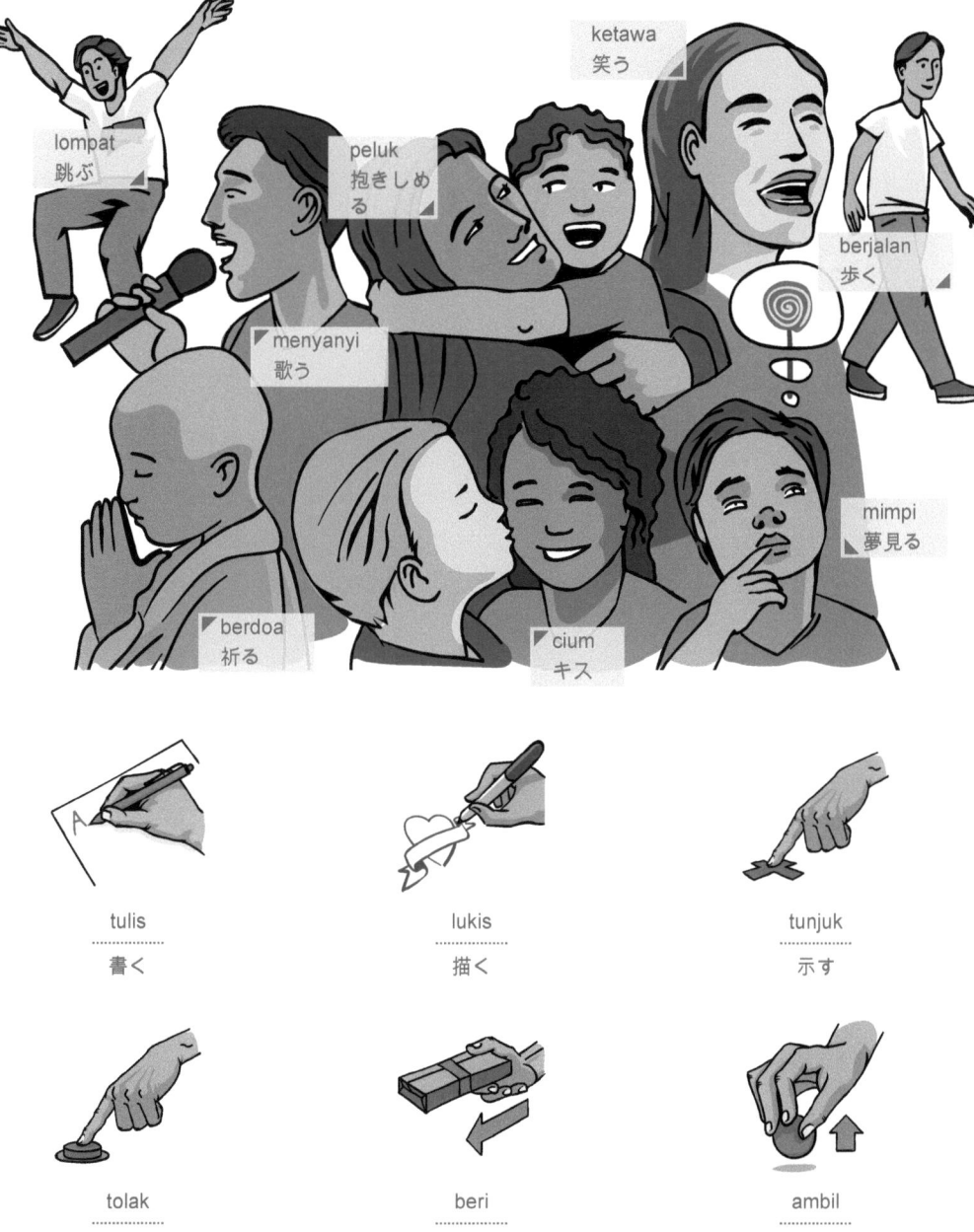

lompat
跳ぶ

ketawa
笑う

peluk
抱きしめる

berjalan
歩く

menyanyi
歌う

mimpi
夢見る

berdoa
祈る

cium
キス

tulis
書く

lukis
描く

tunjuk
示す

tolak
押す

beri
与える

ambil
取る

ada

持っている

buat

する

ialah

ある

berdiri

立つ

lari

走る

tarik

引く

buang

投げる

jatuh

落ちる

tipu

横たわっている

tunggu

待つ

bawa

運ぶ

duduk

座る

pakai

着る

tidur

眠る

bangkit

目が覚める

lihat pada
見る

menangis
泣く

strok
なでる

sikat
櫛ですく

cakap
話す

faham
理解する

tanya
質問する

dengar
聞く

minum
飲む

makan
食べる

mengemas
片づける

sayang
愛する

masak
料理する

pandu
運転する

terbang
飛ぶ

belayar

ヨットに乗る

kira

計算する

baca

読む

belajar

学ぶ

kerja

働く

nikah

結婚する

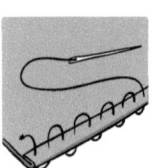

jahit

縫う

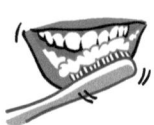

memberus gigi

歯を磨く

bunuh

殺す

asap

喫煙する

hantar

送る

nenek
祖母

datuk
祖父

bapa
父

ibu
母

bayi
赤ん坊

anak perempuan
娘

anak lelaki
息子

tetamu

お客様

mak cik

おば

pak cik

おじ

abang

兄弟

kakak

姉妹

badan

体

dahi
ひたい
mata
目
bahu
肩
jari
指
muka
顔
dagu
あご
tangan
手
kaki
脚
dada
胸
lengan
腕

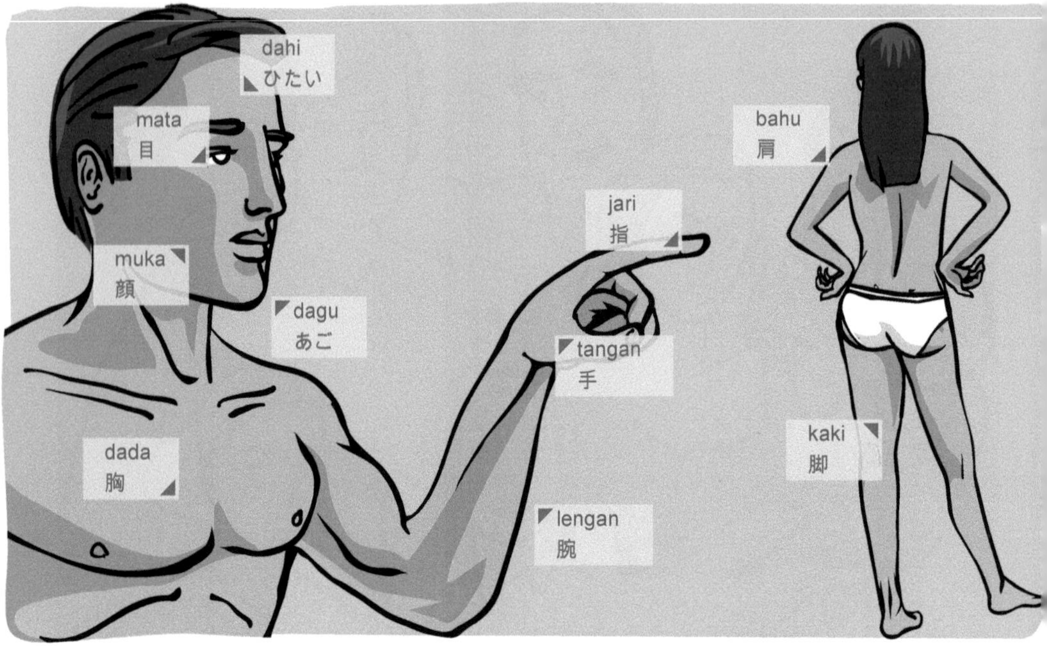

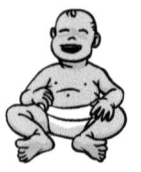

bayi

赤ん坊

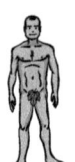

lelaki

男性

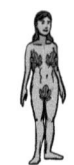

wanita

女性

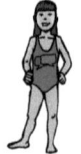

perempuan

少女

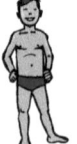

lelaki

少年

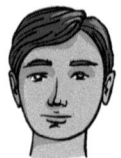

kepala

頭

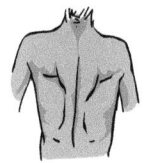

belakang

背中

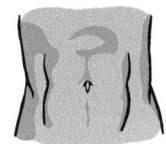

bawah perut

腹

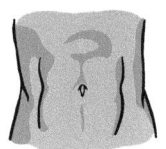

pusat

へそ

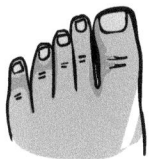

jari kaki

足指

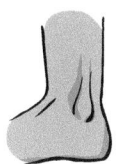

tumit

かかと

tulang

骨

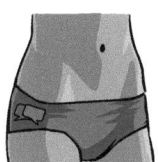

pinggul

腰

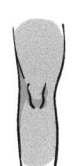

lutut

ひざ

siku

ひじ

hidung

鼻

bawah

尻

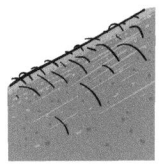

kulit

皮膚

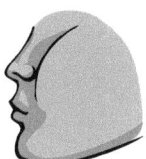

pipi

頬

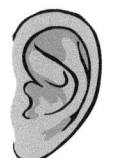

telinga

耳

bibir

唇

mulut

口

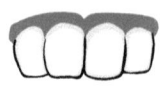

gigi

歯

lidah

舌

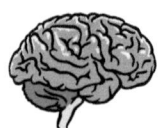

otak

脳

hati

心臓

otot

筋肉

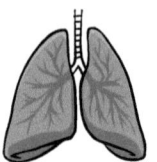

paru-paru

肺

hati

肝臓

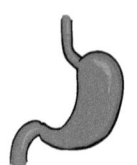

perut

胃

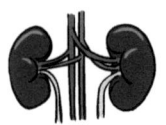

buah pinggang

腎臓

seks

セックス

kondom

コンドーム

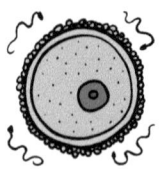

faraj

卵細胞

mani

精液

mengandung

妊娠

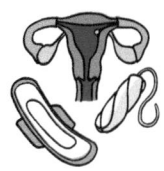

haid

月経

faraj

膣

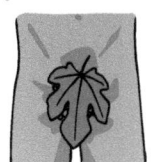

penis

ペニス

kening

眉

rambut

髪

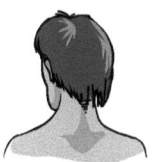

leher

首

hospital
病院

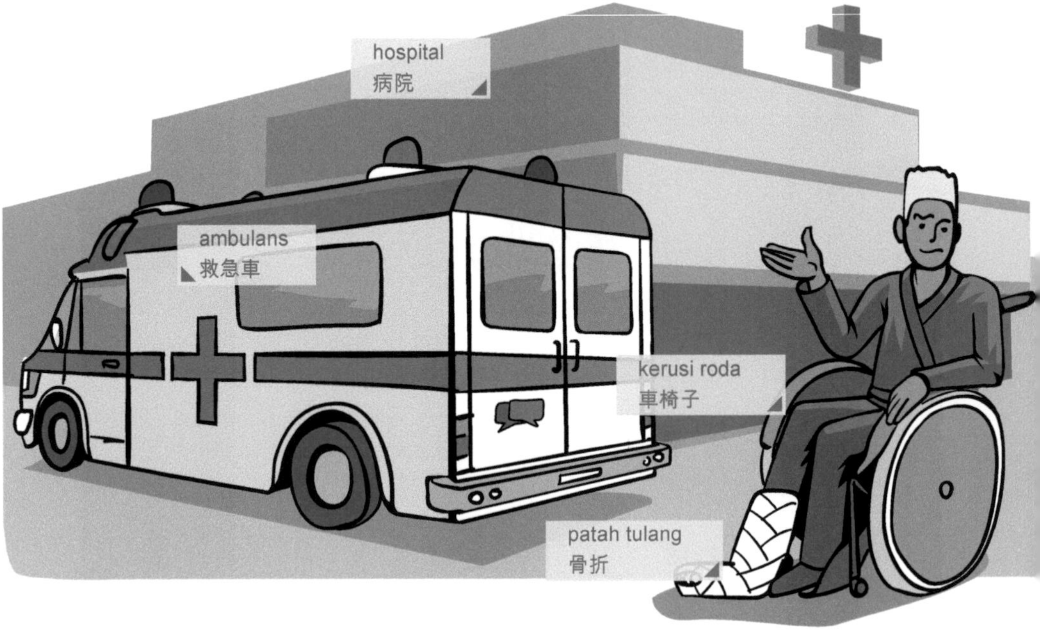

hospital
病院
ambulans
救急車
kerusi roda
車椅子
patah tulang
骨折

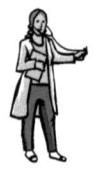

doktor

医師

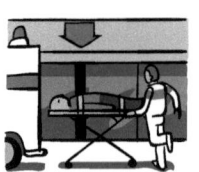

bilik kecemasan

救急治療室

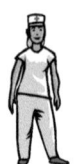

jururawat

看護師

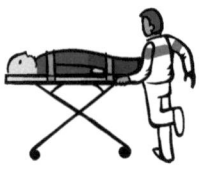

kecemasan

救急

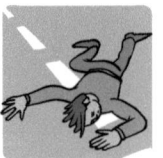

tak sedar

失神

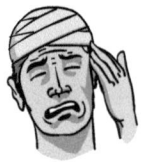

sakit

痛み

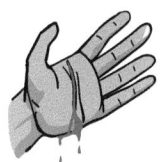

kecederaan
けが

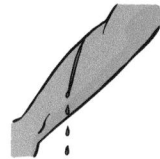

pendarahan
出血

serangan jantung
心臓発作

strok
脳卒中

alergi
アレルギー

batuk
咳

demam
熱

selesema
インフルエンザ

cirit-birit
下痢

sakit kepala
頭痛

kanser
癌

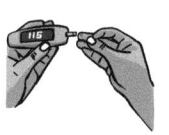

diabetes
糖尿病

pakar bedah
外科医

pisau bedah
外科用メス

pembedahan
手術

CT
CT

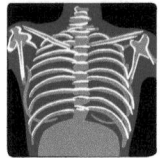

x-ray
レントゲン

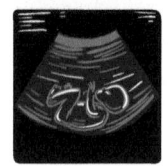

ultrabunyi
超音波

topeng muka
マスク

penyakit
病気

bilik menunggu
待合室

penongkat
松葉づえ

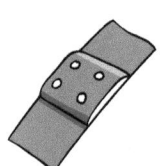

plaster
ばんそうこう

pembalut
包帯

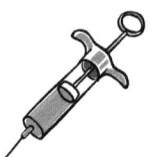

suntikan
注射

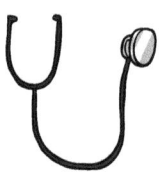

stetoskop
聴診器

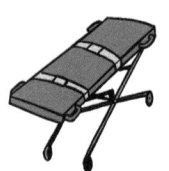

pengusung
担架

termometer klinik
体温計

kelahiran
出産

berat badan berlebihan
肥満

alat pendengaran

補聴器

disinfektan

消毒剤

jangkitan

感染

virus

ウイルス

HIV / AIDS

HIV / エイズ

perubatan

内服薬

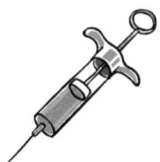

vaksinasi

予防接種

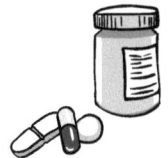

tablet

錠剤

pil

ピル

panggilan kecemasan

緊急電話

pantau tekanan darah

血圧計

sakit / sihat

病気の / 健康な

hospital - 病院

Tolong!

助けて！

penggera

アラーム

serang

暴行

serangan

攻撃

bahaya

危険

pintu kecemasan

非常口

Api!

火事だ！

alat pemadam api

消火器

kemalangan

事故

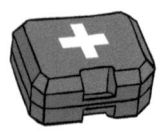

alat pertolongan cemas

救急箱

SOS

SOS

polis

警察

Eropah

ヨーロッパ

Amerika Utara

北米

Amerika Selatan

南米

Afrika

アフリカ

Asia

アジア

Australia

オーストラリア

Atlantic

大西洋

Pasifik

太平洋

Lautan Hindi

インド洋

Lautan Antartik

南極海

Lautan Artik

北極海

Kutub utara

北極

Kutub Selatan

南極

Antartika

南極大陸

bumi

地球

tanah

陸

laut

海

pulau

島

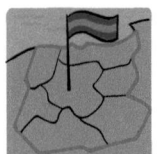

negara

国家

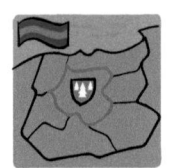

negeri

国家

bumi - 地球

muka jam

文字盤

tangan jam

短針

tangan minit

長針

terpakai

秒針

Jam berapa sekarang

何時ですか？

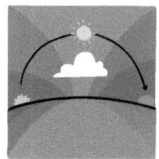

hari

日

masa

時間

sekarang

現在

jam digital

デジタル時計

minit

分

jam

時間

minggu

週

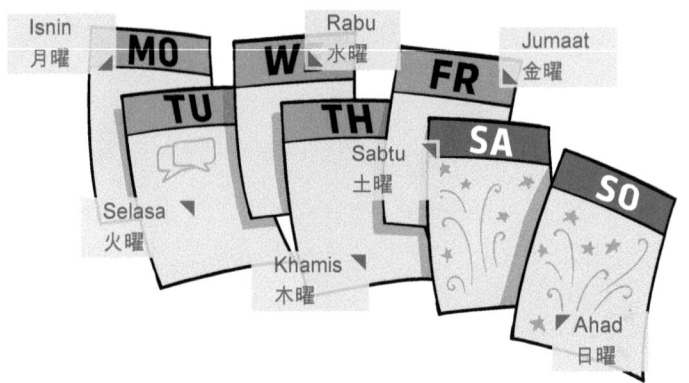

Isnin 月曜
Selasa 火曜
Rabu 水曜
Khamis 木曜
Jumaat 金曜
Sabtu 土曜
Ahad 日曜

semalam

昨日

hari ini

今日

esok

明日

pagi

朝

tengah hari

昼

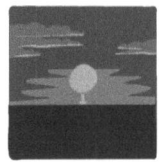

petang

夜

hari kerja

營業日

hari minggu

週末

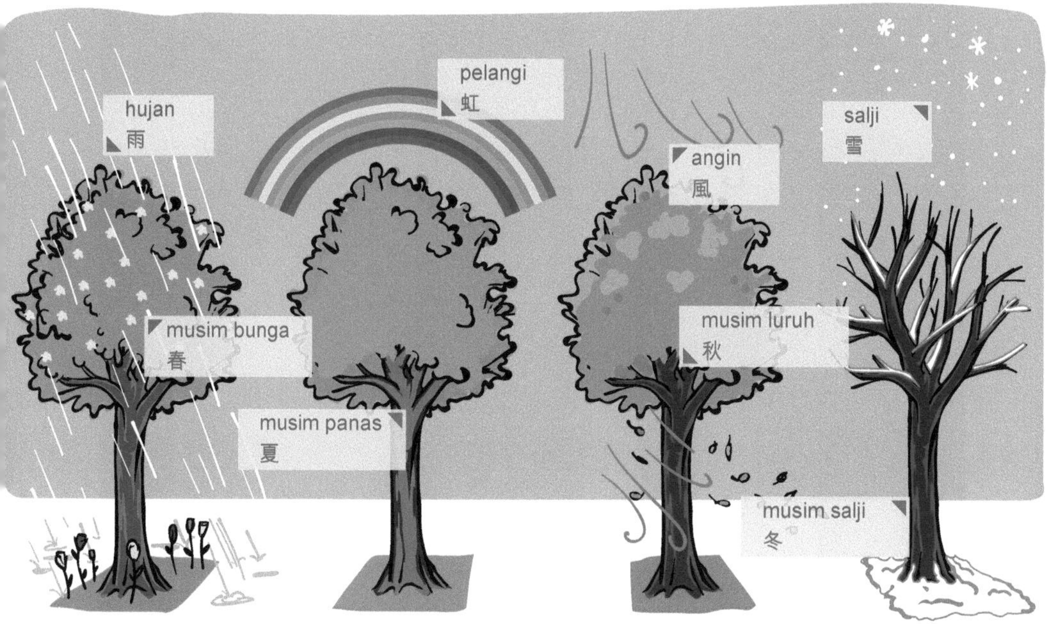

hujan
雨

pelangi
虹

angin
風

salji
雪

musim bunga
春

musim panas
夏

musim luruh
秋

musim salji
冬

4.APRIL	11°	☀
5.APRIL	4°	⛅
6.APRIL	13°	⛅
7.APRIL	8°	❄
8.APRIL	10°	☀

ramalan cuaca

天気予報

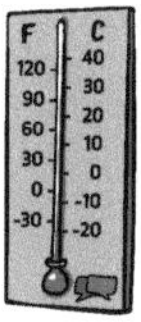

termometer

温度計

sinar matahari

日差し

awan

雲

kabus

霧

lembapan

湿度

kilat

雷

petir

雷

ribut

嵐

hujan batu

ひょう

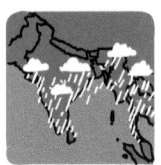

monsun

季節風

banjir

洪水

ais

氷

Januari

1月

Februari

2月

Mac

3月

April

4月

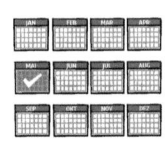

Mei

5月

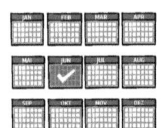

Jun

6月

Julai

7月

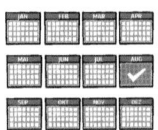

Ogos

8月

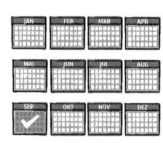

September

9月

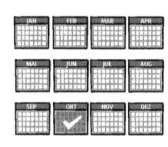

Oktober

10月

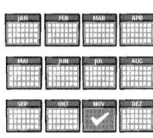

November

11月

Disember

12月

bentuk

形

bulatan

円

petak

正方形

segi empat tepat

長方形

segitiga

三角

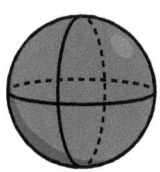

sfera

球

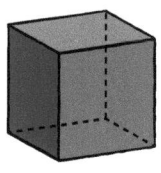

kiub

立方体

putih

白

kuning

黄

oren

オレンジ

merah jambu

ピンク

merah

赤

ungu

紫

biru

青

hijau

緑

coklat

茶

kelabu

灰色

hitam

黒

banyak / sedikit

多い / 少ない

marah / tenang

怒っている /
落ち着いている

cantik / hodoh

美しい / 醜い

bermula / tamat

初め / 終わり

besar kecil

大きい / 小さい

terang / gelap

明るい / 暗い

abang / kakak

兄弟 / 姉妹

bersih / kotor

清潔な / 汚い

lengkap / tidak lengkap

完全な / 不完全な

hari / malam

日中 / 夜

mati / hidup

死んだ / 生きている

luas / sempit

幅広い / 狭い

boleh dimakan / tidak boleh dimakan

食べられる　/　食べられない

jahat / baik

悪意のある　/　親切な

teruja / bosan

興奮している　/　退屈している

gemuk / kurus

太った　/　痩せた

pertama / terakhir

最初に　/　最後に

kawan / musuh

友人　/　敵

penuh / kosong

いっぱいの　/　空の

keras / lembut

硬い　/　柔らかい

berat / ringan

重い　/　軽い

lapar / dahaga

空腹　/　喉の渇き

sakit / sihat

病気の　/　健康な

menyalahi undang-undang / undang-undang

違法な　/　合法な

pintar / bodoh

賢い　/　愚かな

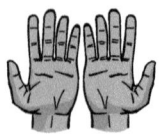

kiri / kanan

左に　/　右に

dekat / jauh

近い　/　遠い

baru / lama

新しい / 中古の

tiada / sesuatu

何もない / 何かある

tua / muda

老いた / 若い

hidup / mati

オン / オフ

terbuka / tertutup

開いている /
閉まっている

diam / bising

静かな / うるさい

kaya / miskin

裕福な / 貧乏な

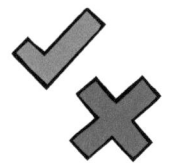

betul / salah

正しい / 間違っている

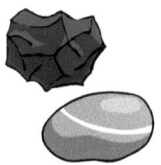

kasar / halus

粗い / なめらか

sedih / gembira

悲しい / 幸せな

pendek / panjang

短い / 長い

lambat / laju

ゆっくり / 速い

basah / kering

濡れた / 乾いた

panas / sejuk

温かい / 冷たい

berperang / berdamai

戦争 / 平和

0

sifar

ゼロ

1

satu

1

2

dua

2

3

tiga

3

4

empat

4

5

lima

5

6

enam

6

7

tujuh

7

8

lapan

8

9

sembilan

9

10

sepuluh

10

11

sebelas

11

12

dua belas

12

13

tiga belas

13

14

empat belas

14

15

lima belas

15

16

enam belas

16

17

tujuh belas

17

18

lapan belas

18

19

Sembilan belas

19

20

dua puluh

20

100

ratus

100

1.000

ribu

1000

1.000.000

juta

100万

Bahasa Inggeris

英語

Bahasa Inggeris Amerika

アメリカ英語

Bahasa Cina Mandarin

中国標準語

Bahasa Hindi

ヒンディー語

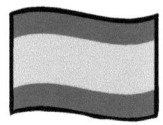

Bahasa Sepanyol

スペイン語

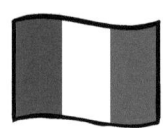

Bahasa Perancis

フランス語

Bahasa Arab

アラビア語

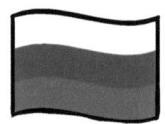

Bahasa Rusia

ロシア語

Bahasa Portugis

ポルトガル語

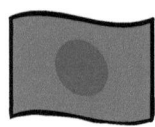

Bahasa Benggali

ベンガル語

Bahasa Jerman

ドイツ語

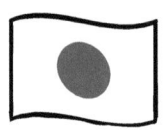

Bahasa Jepun

日本語

saya

私

anda

あなた

dia / dia / ia

彼 / 彼女 / それ

kita

私たち

anda

あなたたち

mereka

彼ら

siapa?

誰？

apa?

何？

bagaimana?

どうやって？

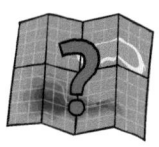

di mana?

どこ？

bila?

いつ？

nama

名前

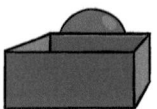

belakang

後ろ

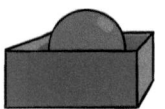

dalam

中

di hadapan

前

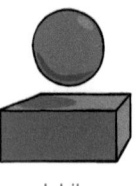

lebih

上

pada

上

di bawah

下

bersebelahan

横

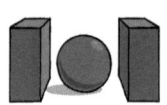

antara

間

tempat

場所